Lippischer Humor

Dieses Buch wurde geschrieben, gedruckt, ausgeliefert und bezahlt ohne staatlich-lippische Begabtenförderung!!

Lippischer Humor

von

Kurt von der Heide

Bibliografische Information der Deutschen Nationalbibliothek:

Die Deutsche Nationalbibliothek verzeichnet diese Publikation in der Deutschen Nationalbibliografie; detaillierte bibliografische Daten sind im Internet über http://dnb.dnb.de abrufbar.

Herstellung und Verlag: BoD – Books on Demand, Norderstedt
ISBN: 978-3-7568-5214-7

Der Wäschedieb

Der Hans aus Bentrup sagte zu seinem Nachbarn heute:

„Fritz pass auf, hier im Dorf da gibt es schlechte Leute.

Über die Wäscheleine hing ich meine gute nasse Kleidung.

Musste doch alles waschen für den Termin zu meiner Scheidung,

Doch nur kurze Zeit später da war sie weg.

Wenn ich den Dieb erwische, dann frisst er ganz viel Dreck."

Der Fritz wurde ganz rot in dem Gesicht.

Und Hans fragte: „Hier stinkt es, riechst du das nicht?"

[7]

Aber Fritz konnte keine Antwort
geben,

denn in **Hans seiner** Unterhose

landete vor Angst ein großes

Unglück eben!

Die Weißwurst

In Hagen da gab es eines
Schlachters Sohn.

Der war erst sieben, aber er gehörte
zu den Schlauen schon.

Bei Papa beschwert er sich, auch
wenn er noch so klein.

„Papa, warum seid ihr zu mir denn
so gemein?

Heimlich im Schlafzimmer die
Weißwurst essen,

darauf wär auch ich ganz
versessen."

Der Vater: „Weißwurst essen bei
uns im Schlafzimmer?

Sowas tun wir nimmer!"

Der Sohn sah seinen Papa
schweigend an

[9]

zog etwas aus der Hosentasche und
stellte eine Frage dann.

„Siehst du was ich heute Morgen
fand?

Diese zwei Hautlappen der Wurst
lagen achtlos an der Wand!"

Freitag der 13.

Jörg war ein durchaus gut gelaunter und fröhlicher Geselle. Er hatte ein Haus, ein Auto, ging gerne zur Arbeit und war mit Astrid verheiratet. Glücklich natürlich! Zumindest meistens! Jörg hatte aber ein besonderes Problem – er war sehr abergläubisch! Er ging nie unter einer Leiter durch, achtete darauf kein Salz zu verschütten und wechselte die Straßenseite, wenn er eine schwarze Katze sah. Jörg nahm nie einen Spiegel in die Hand und ließ große Spiegel oder auch Spiegelschränke nur von Fachleuten aufhängen bzw. aufbauen. An einem Freitag den 13. nahm er sich immer Urlaub und verließ auf gar keinen Fall das Haus! Seine Frau Astrid schauderte bei den Gedanken an diese Tag und war sich sicher, dass ihr Mann in der Firma besser aufgehoben war als zu Hause. Einmal hatte sie es gewagt, diese These auszusprechen und hatte damit eine handfeste Ehekrise ausgelöst! Es war wieder soweit, es war Freitag, der 13.05.2022! Corona hatten die beiden gut überstanden. Doch was war gefährlicher, so ein Freitag oder die Pandemie? Da braucht man nicht zu zögern, für Jörg gab es darauf nur eine Antwort – natürlich dieser Freitag! Jörg wurde um 7:30 Uhr zufällig durch den Kaffeeduft aus der Küche geweckt. Er hatte sich zwar für diese Uhrzeit auch den Wecker gestellt, aber ein Blick auf die Uhr belehrte ihn, dass er 17:30 Uhr statt 07:30 Uhr eingestellt hatte. Darum stand Jörg schlecht gelaunt und mit dem linken Fuß auf – und stolperte prompt über seine am Boden liegende Hose. Mit seinem vor Schmerzen verzogenen Gesicht humpelte er dann langsam ins Badezimmer und putzte sich mit kaltem Wasser die Zähne. Plötzlich rutschte ihm die Zahnbürste aus der Hand und flog im hohen Bogen gegen den Spiegel. Jörg schaute sich die Bescherung an und musste nun eine Entscheidung treffen. Entweder er machte den Spiegel sauber, ging dabei aber bewusst das Risiko ein, das der Spiegel zerbrach oder herunterfiel, oder er würde es lassen und sich den Ärger seiner Astrid zuziehen. Jörg entschied sich für das letztere. Er schaute auf seinen Zeh und humpelte in die Küche. Astrid würde sich schon bald wieder beruhigen. Darum verschwieg er seiner Frau auch dieses kleine Missgeschick. Die hatte den Tisch gedeckt, frischen Kaffee gekocht und setzte sich jetzt neben ihren Mann an den Tisch. Jörg nahm einen Schluck Kaffee und selbstverständlich verbrannte er sich beim ersten Schluck die Zunge. Er wollte sich schon beschweren, dass der Kaffee zu heiß war, hielt sich aber unfreiwillig zurück, denn er hielt sich mit beiden Händen den Mund zu. Als Jörg sich auch beim Brot schmieren noch in den Finger schnitt und dann der Salzstreuer aufging und sich das ganze Salz über den Tisch verteilte, hatte Astrid Mitleid mit ihm. Sie stellte alle gefährlichen Dinge beiseite – Messer, Löffel, Tassen, Teller und Marmelade. Wie gesagt, sie hatte Mitleid mit ihrem Mann - bis sie das Badezimmer betrat!

Artgerechte Haltung
lippischer Männer

Viele lippische Frauen möchten
gern einen Mann sich halten
natürlich einen jungen und keinen
kalten alten

Wenn die Frau in der Küche vor
dem Herd dann thront

überlegt sie ob sich die Anschaffung
wirklich lohnt

So ein Exemplar sollte schon
nützlich sein

im Haushalt gründlich und sehr
rein

Viel Geld wäre auch nicht schlecht

Das wäre mancher Frau sehr recht

Ein gebrauchtes Exemplar möchte
sie nicht haben

An einem unverbrauchten Mann
möchte sie sich laben

Grundsätzlich ist der Mann ein
Allesfresser

Dosenfutter für ihn wäre bestimmt
dann besser

Doch bei Überfütterung wird er
sehr schnell unbeweglich

Das ist für Aktivitäten im Bett sehr
unverträglich

Für die Gesundheit sehr verträglich

Sind Anleitungen zur Gartenarbeit
dann täglich

Doch aufgepasst: eine Veranlagung
zum Hypochonder ist jedem Mann
von Natur aus angeboren

Jedes Wehwehchen ist zum
Jammern auserkoren

Durch bedauern werden die
Männchen schnell handzahm

Befehle wie Fuß, Platz, Still
verstehen sie auch im Fieberwahn

Doch eines sollte jede Frau
beachten:

Ein Pakt mit der Schwiegermutter
ist nicht zu verachten!

Alles im Kopf

Ein 80- jähriger in Hiddesen in die
Apotheke geht

schaut ob das was er sucht im
Regal schon steht.

Eine Packung Viagra ist sein Begehr

Der Apotheker geht nach hinten
und bringt es her.

Der 80- jährige nahm eine Tablette
heraus sofort

zerdrückte sie auf dem Tresen noch
vor Ort

Er schob zur Seite eine kleine Vase

beugte sich und zog das Pulver
durch die Nase.

Der Apotheker bekam einen
dicken Hals.

„Guter Mann, das machen Sie ganz falsch!"

Der Mann erwiderte: „Sie müssen sich keine Sorgen machen

dürfen aber auch nicht lachen.

Denn in meinen Träumen explodieren gerade tausend Watt

weil in meinem Kopf jetzt findet wildester Sex nun statt!"

Die Entenjagd

Ein Städter aus Bielefeld fährt aufs Land nach Leopoldshöhe um Enten dort zu jagen. Als er wider Erwarten wirklich eine im Fluge trifft, fällt diese auf den Hof von Bauer Kramer. Der will die Beute aber für sich behalten. Also schlägt er ganz schlau dem Städter vor, die Streitigkeit wie auf dem Land üblich, durch einen Tritt zwischen die Beine zu klären: Wer weniger schreit, bekommt die Ente! Der Städter stimmt zu und der Bauer beginnt. Nach einem kräftigen Tritt bricht der Städter zusammen krümmt sich für Minuten vor Schmerzen. Als er wieder stehen kann, sagt er: „Jetzt bin ich dran!" Darauf Bauer Kramer der sich auch krümmt, aber vor Lachen: „Nein, danke! Nimm du die Ente."

Die Jäger

Zwei Jäger fuhren zur Jagd nach Berlebeck. Wollten viel Wild erlegen aus einem Versteck.

Plötzlich fällt einer hin und rührt sich nicht mehr.

Sein Freund wählt den Notruf das fällt nicht schwer.

„Ich glaube mein Freund ist tot.

Was soll ich tun, ich bin in Not!"

Der Notarzt: „Ganz ruhig, uns bleibt nur eine kurze Frist

Sie müssen feststellen ob er für immer nun tot jetzt ist."

Für einen Moment war Stille wie bei einem Kuss, plötzlich fällt ein Schuss! Fragt der Jäger: „So, alles geregelt und was jetzt?"

[21]

Ein Arztbesuch

Ein älterer Herr aus Tintrup geht in Blomberg zum Arzt und sagt:

„Doktor ich habe Blähungen, aber deswegen bin ich nicht verzagt,

denn sie behindern mich nicht

obwohl im Dunkeln manchmal wackelt das Licht.

Sie gehen leise ab und stinken nie,

niemand geht hinter mir ihretwegen in die Knie.

Auch hier im Raum gingen mir schon zwanzig ab. Sie hörten und rochen nichts und machten deswegen auch nicht schlapp."

Der Doktor nahm Tabletten aus einem Schrank. „Nehmen Sie diese, in einer Woche sind Sie nicht mehr krank!"

[22]

Nach dieser Woche erschien der Mann erneut.

„Was haben Sie mir da gegeben Herr Doktor, denn ich bin nicht

sehr erfreut.

Fürchterlich stinken meine Blähungen nun!

Ich erschreckte damit sogar des Nachbars Huhn!"

Der Doktor sprach: „Am liebsten würde ich vor Freude brüllen,

denn meine Erwartungen taten sich erfüllen.

Einen Schritt weiter werden wir nun gehen, das wird Sie sicher

nicht mehr stören.

Mit den nächsten Tabletten können sie in einer Woche nämlich auch wieder besser hören!"

Die Hochzeitsreise

Zur Feier ihres 30. Hochzeitstages planen Anton und seine Frau Sigrid aus Kalletal eine Reise in das Hotel, in dem sie einst ihre Flitterwochen verbracht haben. Alles soll perfekt sein. Anton fährt einen Tag früher, um alles vorzubereiten. Nachts schreibt er eine E-Mail an seine Frau, gibt jedoch eine falsche Adresse ein, und die Nachricht landet stattdessen bei der Witwe eines kürzlich verstorbenen Pfarrers aus Lemgo. Am nächsten Morgen findet der Sohn der Witwe seine Mutter ohnmächtig vor ihrem Computer.

Dort steht: „Meine herzallerliebste Frau, ich bin gerade eingetroffen. Alles ist für deine Ankunft morgen vorbereitet. Man wartet hier auf dich. Ich bin unten, habe mit dem

Chef alles besprochen und er wird dich wärmstens empfangen. Ich hoffe, deine Reise wird so angenehm wie meine.

P.S.: Nimm nicht so viele Klamotten mit. Es ist sehr heiß hier!"

Die Meinung der Ehefrau

Eine Ehefrau aus Pivitsheide

Die hieß mit Vornamen Heide

Tat ihre Meinung über den
Ehemann kund

Und nahm dabei kein Blatt vor dem
Mund

Vorne grau und hinten kahl

Deine Zeit der Jugend war einmal

Haare wachsen dir nun aus den
Ohren

Der Geruchsinn geht langsam dir
verloren

Flüssigkeit sich an der Nasenspitze
sammelt

Und als Tropfen langsam
runterbammelt
[26]

Deine Zähne die werden lose

Denn du hast starke Parodontose

Schmerzhaft sin sie einst
gekommen

Schmerzhaft werden sie dir jetzt
genommen

Und das künstliche Gebiss

Fällt oft runter ist und stets ein
Hindernis

Im Profile wirst du kläglich

Denn der Bauchumfang wächst
täglich

Weiter südlich von deinem Nabel

Bist du auch nicht mehr passabel

Unten wird der Bauch schon faltig

Dein Urin wird zuckerhaltig

Der Popo einst stark und rund

Leidet nun an Muskelschwund

Wenn dir mal ein lauter Wind
entfleucht

Wird meistens deine Hose feucht

Mächtig stören deinen Frieden

Walnussgroße Hämorriden

Und die alte einst so gute

Sogenannte Wünschelrute

Hängt als wesenloser Schlauch

Unter deinem faltenreichen Bauch

Weiter unten um es noch zu
schildern

Fehlt es nicht an bunten Bildern

Von den Knien bis zu den Haxen

Sind Krampfadern dir gewachsen

Borsten hast du an den Waden

Die zusätzlich deiner Schönheit
schaden

Und die holde Weiblichkeit sieht
das alles

Weiß dann sofort über dich
Bescheid

Und dann sagt doch mein blöder
Ehemann

„Bin ich nicht rüstig und schön:
eben ein Mann der alles kann!"

Blitz und Donner

Bauer Jakob aus Bexterhagen

wollt einen Spaziergang mit seiner Frau heut wagen.

Plötzlich zog ein Gewitter auf

Jakob sprach zur Frau: „Nimm die Beine in die Hand und lauf!"

Da schlug der Blitz 20 Meter vor ihnen ein.

Jakob sah nach oben und sprach: „Na, las das sein!"

Die beiden liefen weiter

und fanden das gar nicht mehr heiter.

Da schlug der Blitz 10Meter vor ihnen ein.

Jakob sah nach oben und sprach: „Na, las das sein!"

[30]

Die beiden liefen weiter und
konnten für sich das Beste hoffen

da wurde die Frau direkt vom Blitz
getroffen.

Die wurde ganz schnell zu Asche
die extrem streng roch.

Jakob sah nach oben und sprach:
„Na, du kannst es also doch!"

Der besondere Wunsch

Das Ehepaar Schwarzer kam aus
Hagen

doch das hatte nichts zu sagen.

Zum Zwecke des Urlaubs machten
sie eine Reise

das fanden beide ganz schön weise.

Einen Wunschbrunnen besuchten
sie am dritten Tage

wünschen konnte man sich dort
alles keine Frage.

Mit einem besonderen Wunsch
beugte sich zuerst die Frau

über den Rand

denn sie hatte auf dem Hof einen
schweren Stand.

Weit nach vorne beugt sich jetzt ihr
Mann

[32]

wollte zeigen was er kann.

Doch er fiel in den Brunnen hinein
wie von Geisterhand gezogen.

Die Frau aber sprach: „Danke lieber
Brunnen! Ich komme

wieder mit dem nächsten Mann,
das will ich dir geloben!"

20 Jahre

Eine Frau aus Wissentrup wacht mitten in der Nacht auf und stellt

fest, dass ihr Ehemann nicht im Bett ist. Sie zieht sich ihren

Morgenmantel an und verlässt das Schlafzimmer.

Er sitzt am Küchentisch vor einer Tasse Kaffee, tief in Gedanken

versunken und starrt nur gegen die Wand.

Sie kann beobachten, wie ihm eine Träne aus den Augen rinnt und

er einen kräftigen Schluck von seinem Kaffee nimmt.

„Was ist los, Liebling? Warum sitzt du um diese Uhrzeit in der

Küche?" fragt sie ihn.

[34]

„Erinnerst du dich, als wir vor 20 Jahren unser erstes Date hatten?

Du warst gerade erst16!"

„Aber ja!"

„Erinnerst du dich daran, dass uns dein Vater dabei erwischt hat,

als wir uns gerade in meinem Auto auf dem Rücksitz

geliebt haben?" „Ja, ich erinnere mich gut, das werde ich nie

vergessen."

„Erinnerst du dich auch, als er mir sein Gewehr vor das Gesicht

hielt und sagte: 'Entweder du heiratest meine Tochter

oder du wanderst für die nächsten 20 Jahre ins Gefängnis'!"

„Oh ja!" sagt sie.

[35]

Er wischt sich jetzt einen wahren
Sturzbach von Tränen von seinen

Wangen und sagt:

„Weißt du, heute wäre ich in die
Freiheit entlassen worden!"

Schwein gehabt

Zwei Nicht-Lipper aus Bielefeld

die wollten sparen ganz viel Geld.

In Leopoldshöhe hatten sie ein
Schwein geklaut.

Sie waren dabei leise und nicht sehr
laut.

Auf den Rücksitz setzten sie das
Schwein

und jeder dachte: „Hurra, jetzt
fahren wir heim!"

Eine Polizeikontrolle bremste ihre
Flucht,

scheinbar war ihr Vorhaben doch
verflucht.

Doch die beiden waren nicht dumm
und banden der Sau ein

Kopftuch um.

[37]

Ein Polizist schaute alle an

und meinte mit einem Seufzer
dann:

„Bei euch ist alles im klaren

ihr könnt ohne Probleme weiter
fahren."

Schnell fuhren die beiden weiter

lachten laut und waren heiter.

Da gab der Polizist seinem Kollegen
zu verstehen:

„Diese Bielefelder, wie machen die
das bloß? Auf der Rückbank

saß die schönste Frau die ich je
gesehen!"

Der Ehestreit

In Klüt da gab es abends einen
riesen Ehekrach

der hielt alle Nachbarn wach.

Schrie der Mann: „Mach dich fort,

mit dir kann man reden kein
vernünftig Wort.

Zum Teufel kannst du dich
scheren,

ich werde mich dagegen nicht
mehr wehren!"

Die Frau schlug die Tür, das es nur
so knallte

und im ganzen Hause widerhallte.

Zur Mama lief sie hin,

alles andere machte für sie keinen
Sinn.

Kaum war sie zur Tür herein

[39]

da rief sie laut: „Mama es ist vorbei, dieser Mann ist nicht mehr

mein."

„Was ist passiert, nun rede schon

ich warte von dir auf jeden Ton.

Wenn er mit Gewalt dir droht

ist er schon so gut wie tot!"

Die Tochter sprach: „Ich soll zum Teufel gehen,

dass würde er gern sehen!"

Da schreit die Mutter ganz erbost wie irr:

„Zum Teufel sollst du gehen und kommst zu mir?

Sieh zu, dass du schnell verschwindest

und woanders eine Hölle findest!"

[40]

Das junge Ehepaar

Zu einem Freund, der Landwirt
war,

kam aus Horn einst ein junges
Ehepaar.

Nachmittags führt er sie hinaus,

zeigt ihnen Hof und Hühnerhaus.

Die junge Frau stand stumm dabei,

ihr war das Hühnerleben neu.

Plötzlich springt ein Hahn aufs
Huhn,

wie das die Hähne manchmal tun.

Die Frau, die von Interesse scheint,

fragt darauf listig unsern Freund:

„Frank, sag doch mal an, wie oft
am Tag macht das der Hahn?"

[41]

Der Freund denkt ein wenig nach:

„Na, so etwa 20-mal am Tag."

Worauf die Frau ihr Männchen
küsste und lächelnd sagte: „Siehste,
siehste!"

Doch hierauf fragt der Mann den
Freund:

„Sag mein Freund, wie ist denn das
gemeint,

läuft denn der Hahn den ganzen
Tag

immer derselben Henne nach?"

„Oh nein", erwidert dieser nun,

„Der Hahn nimmt stets ein andres
Huhn".

Worauf der Mann sein Frauchen
küsste

und leise sagte: „Siehste, siehste!"

Das besondere Jubiläum

Krauses Jubiläum aus Lemgo war
herangekommen,

zwanzig Jahre waren nun
vollkommen.

Doch niemand hatte daran gedacht

und ihm eine kleine Freude
gemacht.

Kein Händedruck, keine
Gratulation,

kein Blumenstrauß und auch kein
Diplom.

Das war für Krause ein harter
Schlag,

er hatte sich so gefreut auf diesen
Tag.

Er ärgerte sich auch noch und
noch,

aber eine Freude gab es für ihn doch.

Die Privatsekretärin vom Chef, eine reizende Fee,

bat ihn für diesen Abend zu einer Tasse Tee.

Das war Balsam für Krauses seelische Schmerzen,

denn schon lange liebte er die Schöne von ganzen Herzen.

Pünktlich auf die Minute war er bei ihr.

Sie stand schon mit strahlendem Blick vor der Tür.

und führte ihn in den Blauen Salon

den mit dem kleinen Balkon.

Dann sagte sie: „Ich gehe jetzt ins Nachtgemach,

und rufe ‚ich bin soweit' dann
kommen Sie schnell nach.

Ich habe mir eine kleine
Überraschung ausgedacht

und bin glücklich, wenn sie Ihnen
Freude macht."

Nur werden einige Minuten
vergehen

- wegen der Vorbereitungen - Sie
verstehen."

Sie zwinkerte ihm noch ganz
schnell zu

und ein Handkuss brachte Krause
völlig aus der Ruh.

Nun wartete er voller Seligkeit,

er wusste ja, bald ist es soweit.

Und endlich ertönte dann das ‚ich
bin soweit'! Kommen Sie, ich

biete Ihnen dann das ‚du'!"

Freund Krause stürzte auf die Türe
zu.

Er riss sie auf und sprang hinein,

doch gleich erstarrte er zu Stein.

Was für eine Überraschung, ha, ha,
ha!

Der Chef und die ganze Belegschaft
waren da.

In Abendgarderobe, ganz piekfein,

zur Jubiläumsfeier fanden sich alle
ein.

Doch Krause war ein erledigter
Mann!

Denn er hatte nur noch seine
Socken an!!!!!!

[46]

Der Brief einer Mutter an den Sohn

Lieber Sohn!

Ich schreibe Dir diesen Brief ins Krankenhaus nach Detmold, damit du weißt, dass ich noch lebe. Ich schreibe langsam, weil ich weiß, dass du so schnell nicht lesen kannst. Wenn du wieder einmal nach Hause kommst, wirst du unsere Wohnung nicht wieder erkennen. Wir sind umgezogen. In der neuen Wohnung war sogar eine Waschmaschine. Ich tat nur fünf Hemden hinein und habe die Hemden nicht mehr wiedergesehen. Vater hat jetzt 5000 Leute unter sich. Er mäht Rasen auf unserem Friedhof. Letzte Woche ist Onkel Paul in einem Whyskifass ertrunken. Einige Männer wollten ihn noch retten, doch er leistete heftigen Widerstand. Wir haben ihn verbrennen lassen. Es hat drei Tage gedauert bis wir ihn gelöscht hatten. Deine Schwester hat gestern ein Baby bekommen. Da wir nicht wissen, ob es ein Junge oder ein Mädchen ist, wissen wir auch nicht, ob Du Onkel oder Tante geworden bist. Letzte Woche hat es siebenmal geregnet; erst drei Tage, dann vier Tage. Es hat so gedonnert, dass unser Hahn viermal dasselbe Ei gelegt hat. Am Donnerstag sind wir alle gegen Erdbeben geimpft worden.

Deine Mutter.

[48]

Ein frommer Mann

Es war einmal ein frommer Mann,

der war so fromm, wie nur ein
Frommer fromm sein kann.

Er wohnte oben auf des Hermanns
Höhn

und konnte tief ins Tal hinunter
seh'n.

Doch einmal ward´s dem frommen
Mann zu warm;

er schwitzt an Händen, Füßen
und unterm Arm.

Er stieg hinab ins Tal zum kühlen
Fluss,

weil auch ein Frommer einmal
baden muss.

Er suchte sich ein Plätzchen fein.

[49]

Von niemand wollte er gesehen
sein.

Und dann stieg er hinein in die
Kühle Flut,

nur auf dem Kopf behielt er seinen
Hut.

Doch plötzlich raschelt´s heftig in
dem Busch.

Es ging auf einmal: husch, husch,
husch!

Er sah drei Mädchen kommen her,

die hatten noch viel weniger an als
er.

Dem frommen Mann ward ganz
bang zumut,

vor Angst griff er sofort nach
seinem Hut,

und hielt ihn oberhalb der Knie,

[50]

dass niemand sehen konnte, was
da war und wie.

Die Mädchen schauten immer nach
dem Hute hin.

Dem Manne ward´s ganz bang in
seinem Sinn.

Er hielt vor Scham die
Hände vors Gesicht.

Und siehe da: Der Hut fiel herunter
nicht!!

Eine besondere Taxi-Fahrt

Durch Detmold sauste mit seinem
Taxi der Erich.

Man konnte es kaum glauben, aber
es war auch gefährlich.

Als ein Fahrgast ihm auf die
Schulter haut,

schreit der Erich vor Schreck ganz
laut.

Er verliert die Kontrolle über seinen
Wagen

und wie soll man es anders sagen,

Glück im Unglück hatten er und
sein Gast

Denn sie landeten mit dem Taxi
nur im Morast.

Ruhig ist es nun für Sekunden,

dann schreit der Erich aus vollen Munden:

„Machen Sie das niemals wieder,

ich dachte schon der Tod streckt mich gleich nieder!

Für mich ist das die erste Taxifahrt heut,

bis gestern fuhr ich im Leichenwagen nur die toten Leut!"

Das besondere Ding

In Hardissen gab es eine
Geburtstagsfeier

Es wurde fünfzig der wilde Reiner

Da gab die fesche Lola auf diesem
Feste

Ein Rätsel weiter an alle Gäste.

Es gibt ein Ding, das jeder kennt,

und ist er noch so abstinent,

man tut es von Zeit zu Zeit
benützen,

um sich vom Vorwurf "faul" zu
schützen.

Ihr wisst sicher was ich mein',

man braucht es nicht nur bei uns
daheim,

es geht im Stehen und im Sitzen,

und mancher tut dabei auch
schwitzen.

Für die Letzteren gebe ich' s jetzt
kund,

das Ding von dem ich rede, ist
rund,

und ist im Durchmesser, seit
gefasst,

so dick wie ein mittelschwerer Ast.

Mancher hier - wer hält die Wette?

wäre stolz, wenn er so ein Ding
hätte.

Das Ding ist hart und doch
geschmeidig,

und ist man des Dingen leidlich,

packt man es wieder ein –

halt bis zum nächsten Stelldichein.

Genauso wichtig und auch schön,

das Ding muss bei der Arbeit
stehen,

bei schlaffen oder krummen
Dingen,

kann die Arbeit nicht gelingen.

Ob Mann, ob Frau, das ist keine
Schand',

liegt das Ding gut in der Hand,

denn jeder braucht es, das ist
bewiesen,

das Ding wird überall gepriesen.

Weiter noch ist von Belang,

das Ding ist ca. 15 Zentimeter lang,

auch 20 Zentimeter und auch 10,

so Dinger hat man schon gesehen.

Doch die Regel das weiß jeder,

das sind so ca. 15 Zentimeter,

5 für drinnen, 5 für draußen,

und 5 um hin und her zu sausen.

Doch nicht zu hastig, seid nicht
dumm,

sonst ist das Ding am Ende noch
krumm,

denn wo man Gutes tun kann,

da geht man nicht so hastig ran.

Das Schönste was das Ding halt
kann,

es passt sich jeder Öffnung an,

brauchst beim Gebrauch dicht nicht
zu fürchten,

das geht so ähnlich wie beim
Bürsten.

Es gibt auch Leut', da werdet ihr
stutzen,

die tun das Ding nicht mehr
benutzen,

obwohl man weiß, das macht viel
Spaß,

es tut nicht weh und ist oft nass.

Dinger gibt es, es ist nicht gelogen,

die sind ein ganz klein Stück
verbogen,

und wenn man die dann raffiniert
noch dreht,

dann wird die Wirkung noch
erhöht.

Bei großen Dingern braucht man
Kraft,

bis man es in die Öffnung schafft,

jedoch bei den allzu Kleinen,

da ist die Sache oft zum Weinen.

Das Ideale ist ein Mittelding,

[58]

nicht riesengroß so ca. 15
Zentimeter bloß,

5 für drinnen und 5 für draußen,

und 5 um hin und her zu sausen.

Wovon ich hier rede, das ist keine
Flause,

hat jedermann von euch zu Hause,

Bei Reiner habe ich es noch nie
gesehen,

darum dachte ich, da muss etwas
geschehen.

Mein Freund wird dir sein Ding nun
reichen,

ich weiß, es sucht weit und breit
seines gleichen.

Auch wenn der Reiner jetzt um
Fassung ringt,

weil dieses Ding in seiner Hand
nicht neu ist und jetzt stinkt.

Als Frau brauche ich es am liebsten
täglich,

aber mein Freund nimmt es in die
Hand und versagt meist kläglich!

Dieses Ding ist eine Flaschenbürste!

Werbung eines Möbelhauses

Vor der Tür von einem Möbelhaus

stand ein Schild mit einem Gedicht
– oh Graus.

Jeder Kunde sollte es lesen

damit er weiß, warum er da
gewesen.

Wo ist es am schönsten auf unserer
Welt,

wo ist es wo es den Menschen am
besten gefällt?

Wo wird man geboren, wo endet
das sein,

wo geht man schwer raus aber
leicht wieder rein?

Wo ist man zufrieden und sorglos
und froh,

wo schläft man noch besser als im
Büro?

Wo gibt´s keinen Ärger, wo hat
man noch Zeit,

wo hat man auf die Toilette nicht
weit?

Wo braucht man nicht grüßen, wo
gibt´s kein Tamtam,

wo braucht man kein Licht wie am
Kurfürstendamm?

Wo braucht man kein Hemd, ja und
auch keine Schuh,

wo schaut einem beim Küssen der
Nachbar nicht zu?

Wo kann man noch bürsten das
lockige Haar,

wo gibt´s noch Verkehr ohne
Lebensgefahr?

Wo kann man getrost ohne
Smoking dinieren,

wo kann man auch mal seine Hose
verlieren?

Wo endet doch meistens so ein
Rendezvous,

wo werden zwei Menschen fast
immer per du?

Wo hat man bis heute Maschinen
nicht gern,

wo ist noch die alte Methode
modern?

Im Bett natürlich, im Bett!

Die Erfahrung eines weisen Mannes

Der Sören aus Hornoldendorf

wollt heiraten ein Mädel aus dem Nachbardorf.

Sein Vater führte ein Gespräch, so von Mann zu Mann,

um zu klären was alles geschehen kann.

Da sprach sein Vater: „Junge, du hast Mut!

Es kommt auf dich zu viel böses Blut!

Ich will nur einen kleinen Teil dir erzählen,

danach kannst du immer noch die Freiheit wählen!

Vor der Hochzeit habe ich gesagt:

[64]

Komm mein Herz, ich trage dich
über die Pfütze.

Ein Leben lang bin ich deine Stütze!

Nach der Hochzeit habe ich gesagt:

Komm mein Liebling ich helfe dir,

schließlich bin ich stark wie
Nachbars Stier!

Nach fünf Jahren habe ich gesagt:

Frau, tritt nicht schon wieder in
eine Pfütze,

auch wenn sie aussieht wie deine
Lieblingsgrütze!

Nach fünfzehn Jahren habe ich
gesagt:

Geh endlich mit offenen Augen
durch die Welt.

Wenn du in die Pfütze trittst kostet
die Reinigung mein Geld!

[65]

Nach fünfundzwanzig Jahren habe
ich gesagt:

Mensch Alte, ich wusste, dass du in
jedes Drecksloch trittst rein.

Ich gehe weit hinter dir und wahre
den Schein!

Nach fünfzig Jahren habe ich
gesagt:

Alte Fregatte, heute hast du des
Glückes Segen,

denn draußen fällt starker Regen.

In der Pfütze müsst ich dich liegen
lassen.

Als dein Mann würd ich das
ertragen, frohgemut und ganz

gelassen!"

Ein süßes Herz

Vor der Bude vom Zuckerbäcker
stand

Opa Heinz, sein Enkelkind an der
Hand.

Es war auf Reinholdi in
Pottenhausen

dort konnte man nach Belieben gut
schmausen.

Der kleine Bernd wählte nach
langem Suchen

ein großes Herz von Honigkuchen.

Zuckerguss war darüber geglättet

mit Plätzchen und Perlen
eingebettet

und für dieses Kinderglück

bezahlte der Opa Heinz ein
Zweieurostück.

[67]

Nun ging der Opa und Bernd in die Runde

es dauerte schon eine gute Stunde,

vor jeder Bude blieb der kleine Bernd gern stehen,

denn überall gab es was Neues zu sehen.

Da sagte Bernd auf einmal ganz leise: „Opalein,

ich muss jetzt mal, aber bloß klein."

Da sagte der Opa der Gute:

„Komm gleich hier hinter die Bude.

Ich bleib dicht vor Dir stehen,

da kannste und keiner kann Dich sehen."

Fest in der Hand den Honigkuchen

tat Bernd nun das Knöpfchen suchen.

Der kalte Wind pfiff um die Ohren,

die Finger waren ganz blau gefroren

und deshalb traf er auch einige Mal

den Honigkuchen mit warmen Strahl.

Der kleine Bernd merkte das gleich,

weil der Honigkuchen wurde weich.

Und Bernd flennte ohne Unterlass:

„Opa, mein schönes Herz ist nass!"

Da ging Opa, der einzige Gute,

mit dem kleinen Bernd an die Zuckerbude

und stillte dessen großen Schmerz

mit noch einem Honigkuchenherz.

Nun hatte Bernd zwei Herzen und
es war ihm klar,

dass eines davon nicht in Ordnung
war.

Er wollte den Opa entscheiden
lassen:

„Opa, was machen wir mit dem
nassen?"

Der Opa wusste in der Tat

gleich einen guten Rat:

„Weißt du mein Junge, das machen
wir so,

das Herz gibst du Oma, die merkt
nichts mehr und isst

es sowieso!"

Ein frommer Wunsch

Die Angelika aus Hohenhausen
erlebte jeden Tag mit starken
Grausen. Zur stadtbekannten Hexe
da ging sie jetzt

ohne Angst das sie würde dort
verhext.

„Kannst du einen Fluch aufheben

der mich verfolgt schon verfolgt
acht Jahre im Leben?"

„Es kommt darauf an wie der Fluch
denn heißt,

es ist nicht alles machbar wie du
weißt."

„Bei diesem musst du es schaffen
denn du bist schlau.

Der Fluch heißt: und hiermit seid
ihr Mann und Frau!"

[71]

Die Waage der Gerechtigkeit

In Lieme wohnt das Ehepaar
Wolfgang und Ute Schmitz

direkt neben ihrem Firmensitz.

Die Ute feiert Geburtstag heute

aber die 40 laut zu nennen sie sich
nach Kräften sträubte.

Wolfgang wusste nicht was er ihr
schenken sollte.

Seine Frau gab ihm einen Rat:

„Schenk mir doch etwas, was geht

superschnell auf 120, das ist es

was ich schon immer wollte!"

Ihr Mann der wusste nun Bescheid

und fuhr nach Lage.

Er kam zurück nach einer Stunde
und schenkte seiner Liebsten –

eine große Waage!

Seine Beerdigung ist nächste Woche!

Familie Meier im Stress

In Brake da gab es eine Feier.

Dazu geladen war auch Familie Meier.

Doch weil Stress das bedeutet,

fühlten sich alle hinterher wie ausgebeutet.

Werfen wir einen Blick auf ihre Vorbereitungen.

Begeistert wirkten sie nicht, eher erzwungen.

Bereits am Morgen fragt man dann,

was zieh' ich nur zum Feste an?

Die schwarze oder graue Hose,

das Kleid mit oder ohne Rose

und ehe man dies hat erkannt,

war das Mittagessen angebrannt.

[74]

Danach muss man sich beeilen,
denn es geht bald los,

aber wo ist mein Kopf, was wollt
ich bloß?

Alles rennt, tobt, wühlt und
flüchtet,

bügelt, näht und wäscht und
richtet,

alle Flecken werden vernichtet.

Wolfgang kriegt die Hose nicht
mehr zu,

Karin sucht den linken Schuh.

Jakob sucht den Kragenknopf

und findet ihn im Blumentopf.

Birgit sucht ihren Strümpfehalter,

der gestern hing am

Handtuchhalter.

Martin ruft: „Viel zu eng ist meine Hose

und der Knopf ist auch noch lose."

Tanja fehlt an ihrem Kleid fehlt noch ein Haken.

Fängt unter dem Bette an zu raken.

Klein Berny schreit: „Meine Füße waschen will ich nicht,

zu viel schadet und macht nur Gicht!"

Doch irgendwann, den Göttern sei Dank,

waren sie fertig, wenn auch mit viel Streit und Zank.

Die Frau des Hauses fragte laut,

auch wenn sie den Aussagen kaum vertraut:

„Leute, habt Ihr alles mit,

Puderdose flott und fit,

Brille, Schirm und Lippenstift,

Kamm und Bürste, Rattengift?

Karin denk an den Beutel für die
Reste,

steck das Essen nicht in deine
Weste!

Dann geht es los, der Weg ist weit,

und wir haben nicht mehr sehr viel
Zeit.

Dann können wir beim Wein und
gutem Essen

des Tages Hetze ganz vergessen!"

Der Flug ihres Lebens

Hochzeitstag hate das Ehepaar Braun

und wollte sich erfüllen einen lang gehegten Traum.

In Oerlinghausen wollten sie gern fliegen,

anstatt sich ständig zu bekriegen.

Doch 80 Euro kostet der Flug

da meint die Frau: „Das ist zu teuer, du bist nicht klug."

Ein Pilot hörte zufällig ihr Gespräch

und sprach: „Ich habe eine Vorschlag mit dem ich euch bestech.

Umsonst werde ich euch fliegen, wenn ihr dabei seid ganz verschwiegen.

[78]

Wenn ich nur einen Laut von euch höre

bezahlt ihr die 80 Euro, ich schwöre!"

Die beiden sind einverstanden und steigen ein,

er hinten und sie vornedrein.

In die Höhe steigt das Flugzeug nun auf

und der Pilot fliegt die wildesten Manöver zuhauf.

Seine Passagiere sagen keinen Ton

und das verwundert ihn schon.

Der Pilot landet und sagt: „Ich bin von euch sehr angetan,

seid ihr doch nicht verfallen in den Fliegerwahn!"

Da sagt der Mann: „Beinahe hätte

ich geschrien als meine Frau aus

dem Flugzeug fiel,

doch 80 Euro wollt ich nicht

verlieren, denn das wäre viel zu
viel!"

Bügelspaß

In Bad Salzuflen ging zum Doktor
der Karl-Heinz.

Ursprünglich geboren in Mainz.

Seine Ohren die sind angesengt.

Fragt der Arzt: „Na, beim horchen
zu sehr angestrengt?"

„Nein, ich war beim Bügeln als das
Telefon klingelte ungehalten.

Da habe ich aus Versehen das
Bügeleisen an mein Ohr gehalten!"

Der Arzt wollte natürlich wissen:
„Was geschah aber mit deinem

zweiten Ohr?"

Karl-Heinz meinte kleinlaut: „Ich
musste doch den Notarzt rufen,

ich armer Tor!"

Der besondere Unfall

Es war einmal der Bauer
Schmeichel aus Cappeln.

Der war bei gewissen Sachen häufig
am Zappeln.

Nach dem Sex fiel er vom Sofa wie
ein Stein

und brach sich dabei ein Bein.

Wissen wollt die
Berufsgenossenschaft wie das
geschehen konnt

auf dem Hof an seiner Heimatfront.

Bauer Schmeichel wusste nicht wie
ihm geschah

Erfand eine Geschichte die Wort für
Wort zu glauben war.

So steht zu lesen in dem
Unfallbogen:

[82]

„Ich bin beim Samen ausstreuen

aus der Furche gefallen,

das ist die reine Wahrheit und nicht
gelogen!“

In bester Absicht

Bernd Paulsen aus Nienhagen der wollte heute etwas Besonderes wagen.

In die Apotheke wollt er gehen schnell, denn es war draußen noch hell.

Das was heut geschehen sollte

war nichts was der Bernd wollte.

Er wartete bis der Apotheker war allein

erst dann ging er hinein.

Eine Kapsel Zyankali war sein Begehr.

Ihm die zu geben viel dem Apotheker schwer.

„Sie wissen, dass ich die Kapsel nicht einfach so geben darf?

Dafür sind die Gesetze viel zu scharf!"

Wortlos griff Bernd in seine Jackentasche,

was zum Vorschein kam war keine Flasche.

Es war ein Bild seiner Frau.

„Wenn sie hinsehen verstehen Sie mich ganz genau!"

Auf das Foto warf der Apotheker einen Blick,

da machte es in seinem Kopf nur klick.

Er entschuldigt sich: „Ich wusste nicht, dass Sie ein Rezept bei sich

in der Tasche tragen.

Hier ist die Kapsel die gebe ich Ihnen ohne mehr zu fragen!"

Nicht auf den Kopf gefallen

In Brüntrup unterhalten sich Opa
und Enkelsohn

Nach nur zwei Sätzen fragt der Opa
schon:

„Hast du dich entschuldigt bei
deiner Lehrerin in der dir gestellten

kurzen Frist,

weil du ihr auf den Fuß getreten
bist?"

„Ja, die sie war freundlich und
nicht mehr gekränkt

und mir sogar eine Tafel
Schokolade geschenkt."

„Was hast du gemacht?

Ihr vielleicht noch ein paar Blumen
gebracht?"

„Aber Opa, ich bin doch schlau.

[86]

Eine zweite Tafel Schokolade
würde gut zu Gesicht mir stehen.

Darum trat ich ihr auch auf den
anderen Fuß, damit ihr Schmerz

nicht konnte vergehen!"

Pass auf was du sagst

In Jerxen-Orbke lebt das Ehepaar
Schneider

Frau Olga will haben neue Kleider

Sie sprach: „Spenden will ich meine
Kleidung.

Wo ich das kann stand in der
Zeitung."

Fragt er: „Warum schmeißt du die
Sachen nicht in den Müll?

Das wär doch der richtige Platz für
so viel Tüll."

Antwortet sie: „Arme Menschen
würden sich darüber freuen

und auch wer hungert wird es nicht
bereuen."

Darauf er: „Schatz, das verstehst du
nicht.

Wer in deine Kleider passt, der hungert nicht!"

Es wurde dunkel um ihn, ganz spontan.

Erst nach einer Woche erwachte der arme Mann!

Ein Touristenmagnet

Touristen wollten sehen eine Höhle
im Teutoburger Wald.

Die war sehr tief und ziemlich kalt.

Mit einem Führer gingen sie hinein

und einer warf nun eine Frage ein:

„Herr Fremdenführer, wie ist die
Höhle entstanden? "Das ist bekannt
in den ganzen Lipperlanden.

Ein Mauseloch war es in früher
Zeit. Dann fiel einem Lipper ein
Pfennig rein und dann war es
soweit.

Weil es sich sofort im ganzen Lande
sprach herum,

die meisten Lipper kamen und
buddelten, denn sie sind ja nicht
dumm!"

[90]

Markt

Den Wochenmarkt in Detmold
besuchte ein Ehepaar aus

Brockhausen.

Sie standen, staunten und wollten
nur noch schmausen.

Mit exotischen Früchten lockte ein
großer Stand.

„Alles Import!" stand auf einem
Schild am Rand.

Die Verkäuferin meinte: „Das heißt,
alles wird eingeführt."

Da sprach der Mann zu seiner Frau
ganz gerührt:

„Das darfst du niemals vergessen,

denn du würdest ganz sicher alle
essen!"

Dachdeckers Glück

Dies ist der Brief des Dachdeckermeisters Schwindelfrei aus Leopoldshöhe an seine Versicherung.

In Beantwortung Ihrer Bitte um zusätzliche Informationen möchte Ich Ihnen folgendes mitteilen: Bei Frage 3 des Unfallberichtes habe ich **ungeplantes Handeln** als Ursache meines Unfalls angegeben. Sie baten mich dies genauer zu beschreiben, was ich hiermit tun möchte. Ich bin von Beruf Dachdecker. Am Tag meines Unfalles arbeitete ich allein auf dem Dach eines sechsstöckigen Neubaus. Als ich mit der Arbeit fertig war, hatte ich etwa 250 kg Ziegel übrig. Da ich sie nicht alle die Treppe hinunter tragen wollte, entschied ich mich dafür, sie in einer Tonne an der Außenseite des

Gebäudes hinunterzulassen, die an einem Seil befestigt war, das über eine Rolle lief. Ich band also das Seil unten auf der Erde fest, ging auf das Dach und belud die Tonne. Dann ging ich wieder nach unten und band das Seil los. Ich hielt es fest um die 250kg Ziegel herunterzulassen. Wenn Sie in Frage 11 des Formulars nachlesen, werden Sie feststellen, dass mein damaliges Körpergewicht etwa 75 kg betrug. Da ich sehr überrascht war, als ich plötzlich den Boden unter den Füssen verlor und aufwärts gezogen wurde, verlor ich meine Geistesgegenwart und vergaß das Seil loszulassen. Ich glaube, ich muss hier nicht sagen, dass ich mit immer größerer Geschwindigkeit am Gebäude hinauf gezogen wurde. Etwa im Bereich des dritten Stockes traf ich die Tonne, die von oben kam. Dies erklärt den Schädelbruch und das gebrochene Schlüsselbein. Nur geringfügig abgebremst setzte ich meinen Aufstieg fort und hielt nicht an, bevor die Finger meiner Hand mit den Fingergliedern in die eiserne Rolle gequetscht waren. Glücklicherweise behielt ich meine Geistesgegenwart und hielt mich trotz des Schmerzes mit aller Kraft am Seil fest. Jedoch schlug die Tonne etwa zur gleichen Zeit unten auf dem Boden auf und der Boden sprang aus der Tonne heraus. Ohne das Gewicht der Ziegel wog die Tonne nun etwa 25 kg. Ich beziehe mich an dieser Stelle wieder auf mein in Frage 11 angegebenes Körpergewicht von 75 kg. Wie Sie sich vorstellen können begann ich nun einen schnellen Abstieg. In der Höhe des dritten Stockes traf ich wieder auf die von unten kommende Tonne. Daraus ergaben sich die beiden gebrochenen Knöchel und auch die Abschürfungen an meinen Beinen und meinem Unterleib. Dieser Zusammenstoß mit der Tonne meinen Fall, so das meine Verletzungen beim Aufprall auf dem Ziegelhaufen gering ausfielen und so brach ich mir nur drei Wirbel. Ich bedaure es jedoch Ihnen mitteilen zu müssen, dass ich, als ich auf dem Ziegelhaufen lag und die leere Tonne sechs Stockwerke über mir sah, nochmals die Geistesgenwart verlor! Ich ließ nämlich das Seil los, wodurch die Tonne, diesmal ungebremst, herunter sauste, mir drei Zähne ausschlug und das Nasenbein brach.

Mit freundlichen Grüßen

Dachdeckermeister   Ernst
Schwindelfrei

Eine Beichte

Dieter aus Heiligenkirchen hat zum Sterben ins Bett sich gelegt. Wird von seiner Roswita gepflegt.

Sie sitzt auf der Bettkante, hält seine Hand

und wacht über ihn mit Verstand.

Dieter sieht in ihr Gesicht

und kaum verständlich er dann spricht:

„Liebste, bevor ich gehe muss ich dir was sagen

kann ich die Schuld nicht ertragen!

Im Angesicht des Todes hoffe ich du verzeihst mir jetzt,

nur das wäre mein Wunsch zu allerletzt."

Sagt Roswita: „Alles was du willst

vergebe ich dir, das ist ein Versprechen, glaube mir."

„Ich habe mit deinen drei Schwestern und deinen beiden besten

Freundinnen geschlafen.

Leider kannst du mich dafür nun nicht mehr strafen!"

Antwortet sie voller Liebe: „Schatz, das weiß ich doch längst!

Glaub nicht, dass du mich damit noch krängst!

Geschafft hast du es doch schon bald,

bereits Morgen bist du kalt.

Aber nun bleib ganz ruhig liegen, mein liebster Ehemann,

damit das Gift endlich wirken kann!"

Ein schöner Traum

Ein älteres Ehepaar spät am
Morgen aus dem Schlaf erwacht.

Es war für beide eine unruhige
Nacht.

Freudestrahlend erzählte sie ihrem
Mann,

was im Traum alles geschehen
kann.

„Stell dir vor, ich war im Aldi
einkaufen

und gerade dabei den Weg nach
draußen zu laufen,

da kam der Geschäftsführer auf
mich zu.

Ich erschrak, aber er meinte:
‚Immer mit der Ruh'

[98]

Er überreichte mir Blumen mit
einer Flasche Wein

Und ein Gutschein über 1000€ war
auch noch mein!

Die Millionste Kundin war ich heut,

dass hat mich sehr gefreut!"

Da sprach er: „Tauschen möchte
ich nicht mit dir,

denn viel Schöneres geschah im
Traum mit mir.

Am Strand lag ich mit drei
bildhübschen jungen Frauen.

Wir waren nackt und was wir taten
war nichts zum Grauen!"

Fragt die Frau: „Das war doch
bestimmt ich als wunderschöner

Drilling?"

„Du warst nicht einmal als
anwesend als Zwilling.

Wie sollte das auch gehen?

Du hattest doch glücklicherweise
den Geschäftsführer vom

Aldi vor dir stehen!"

Scheidung

Auf einer Party in Sonneborn

trafen sich zwei Freunde bei einem Korn.

Fragte der eine den anderen: „Wie geht es dir?"

„Schlecht, ich lebe in Scheidung und das ist für mich die letzte

Party hier."

„Was ist denn geschehen?

Ich frage, weil wir uns so lange nicht gesehen."

„Das liegt an meiner Frau.

Sie sagte, dass wir schon seit 5 Monaten keinen Sex hätten, das

wüsste sie genau.

Irgendwas habe ich falsch gemacht

als ich daraufhin laut gelacht

und kurz bemerkte: **Du** vielleicht!

Ich verstehe nicht warum sie dann
hat die Scheidung eingereicht!"

Beim Finanzamt

Eine Frau wurde zum Finanzamt
nach Detmold bestellt

es ging dabei, wie könnte es anders
sein, um das liebe Geld.

Die Frau betrat des Beamten
Zimmer

und dachte: *Schlimmer geht nimmer!*

Der Mann tat als würde er die Frau
nicht sehn,

ließ sie einfach vor seinem
Schreibtisch stehn.

Nach zehn Minuten sprach sie ihn
an in der Hoffnung das er sie nimmt
dann ran.

„Das ist aber nicht gesund,

dass verursacht großen
Gedächtnisschwund!"

[103]

„Was meinen Sie, sie
Frauenzimmer?"

Diese deutete auf die Fensterbank
und sagte: „Natürlich die

Blumen hier in ihrem
Schlafzimmer!"

Spiegelbild

Ein Betrunkener aus Schönhagen
tat einen Blick in die Wassertonne
wagen.

Er nahm den Deckel von der Tonne

das bereitete ihm keine Wonne.

Er sah sein Spiegelbild und schrie:
„Da drin liegt ja eine Leiche.

Hau ab Satan, weiche!"

Seine Angst war unverhohlen

und er beschloss die Polizei zu
holen.

Es hob den Deckel hoch der herbei
geholte Polizist.

Der sah hinein und sprach: „Um
Himmels willen, ich hätte nie

Gedacht, dass die Leiche auch
noch ein Kollege ist!"

[105]

Ein besonderes Verkehrszeichen

Vor einer Schule in Schwalenberg
wurde ein Schild angebracht

über das die ganze Stadt nun lacht.

Es stand dort zu lesen,

so als wäre es immer schon
gewesen:

Im Schritttempo langsam fahren,

um die Kinder nicht zu überfahren!

Mit der Hand darunter stand
geschrieben,

man wird es kaum erraten:

*Wenn ein Lehrer kommt schneller
fahren und nicht noch warten!*

[106]

Sehnsucht

Eine Katze aus Lemgo ging in eine Bar.

Sie wollte sich betrinken, das war ihr klar.

Da fragt der Wirt: „Eine Milch, wie sonst auch immer?"

„Nein, sowas geht heut nimmer.

Ein großes Glas Wodka muss es jetzt sein,

das kippe ich mir jetzt rein."

Sagt der Wirt: „Meine Liebe, was machst du nur für Sachen."

„Egal, komm gib den Wodka her, ich will auch mal mit einem Kater

aufwachen!"

VITA

Kurt von der Heide wurde 1959 in Ostwestfalen geboren.

Er ist verheiratet und hat zwei erwachsene Kinder. Seit seiner Jugend beschäftigt er sich mit dem Schreiben. Angefangen mit Erzählungen und vielen Reiseberichten, schreibt Kurt von der Heide heute Romane, Kurzgeschichten, Kinderbücher und Gedichte.

Bereits in mehreren Anthologien sind Gedichte und Kurzgeschichten von ihm erschienen.

[109]

Mit seinen Büchern begeistert er regelmäßig auf Lesungen seine zahlreichen Zuhörer.